DE LA

RÉSISTANCE PASSIVE

PAR M. A. DAVIEL, AVOCAT.

***

Rationabile obsequium. PAUL., *ad Rom.*, XII, 1.

Le dépôt de la Charte constitutionnelle et de la liberté publique est confié à la fidélité et au courage de l'armée, des gardes nationales et de tous les citoyens. *Loi du 15 mars 1815.*

***

PROCÈS DU JOURNAL DE ROUEN.

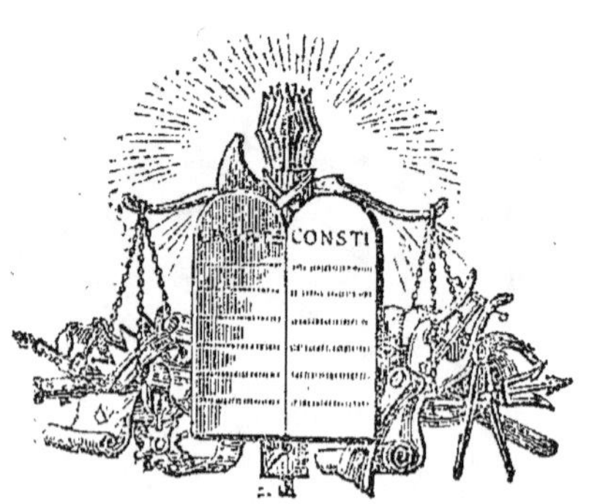

Rouen,

AU BUREAU DU JOURNAL,

RUE SAINT-LO, N° 7.

1829.

L'avénement d'un ministère qui, tout en avouant qu'il n'a la majorité ni dans les chambres ni dans les colléges électoraux, prétend néanmoins se maintenir au pouvoir envers et contre tous, a fait craindre que quelque coup-d'état ne fût tenté pour assurer un résultat aussi extraordinaire dans tout pays constitutionnel. *Impossible* dans l'ordre légal, ce ministère ne peut vivre que par des moyens extra-légaux : telle a été l'opinion générale.

Aussitôt les citoyens se sont associés pour la résistance, annonçant qu'avec l'aide des magistrats, ils refuseraient le paiement de tout impôt illégalement exigé.

Les journaux ont publié ces associations, hostiles seulement dans le cas où les ministres sortiraient des voies légales, inoffensives pour un ministère disposé à respecter le pacte fondamental.

Des poursuites judiciaires ont accueilli ces publications.

Le *Journal de Rouen* y a été compris, et, comme il avait été assez hardi pour prophétiser le coup-d'état dont tout le monde parlait, pour approuver, en cas pareil, le refus de l'impôt, et pour ajouter même que si les ministres, au soutien de leurs tentatives inconstitutionnelles, faisaient des appels à la force, *peut-être ne plierait-on pas aisément les soldats au métier de persécuteurs de leurs concitoyens*, il a été accusé d'avoir provoqué à la haine et au mépris du gouvernement du roi et à la désobéissance aux lois.

On discutera à l'audience si c'est un délit de suspecter les intentions politiques de MM. Polignac, Bourmont, de la Bourdonnaye, de Monthel, Mangin, Trouvé et consorts. Tâche trop facile vraiment de justifier les appréhensions inséparables de tels noms !

Un intérêt plus grave se rattache à la question de la résistance légale et surtout à la discussion de ce principe, posé d'une manière si absolue dans l'ordonnance de mise en prévention, que *les corps armés ne doivent savoir qu'obéir*.

Le défenseur du *Journal de Rouen* n'a pas voulu aborder cette discussion seulement à l'aide de théories qui n'ont pas encore d'autre sanction que celle de la raison. Il a cherché des autorités qui fussent irrécusables pour tout le monde, et, demandant à l'ancien régime le témoignage de tous ses auteurs « monarchiques et religieux » qui ont écrit avec un caractère officiel ou du moins avec privilége du roi, il a cru que ce serait suffisamment justifier les droits qu'il revendique pour les citoyens de la France constitutionnelle, que de les montrer fondés sur les traditions de la vieille monarchie française. Mais, comme un plaidoyer ne pouvait admettre le lourd bagage de documens et de citations qu'il avait rassemblés, il a pris le parti de les publier séparément, non comme une dissertation en forme, mais comme les élémens d'une dissertation qui reste à faire.

RÉSISTANCE PASSIVE.

§. Ier. Du pouvoir royal.

L'INTÉRÊT des peuples est le fondement des trônes, et tous les gouvernemens légitimes ont été institués pour mettre les droits de chacun sous la protection d'une force centrale capable de les faire respecter.

« Oui, Sire, disait Massillon à Louis XV, c'est le choix de la nation qui mit d'abord le sceptre entre les mains de vos ancêtres. C'est elle qui les éleva sur le bouclier militaire et les proclama souverains. Le royaume devint ensuite l'héritage de leurs successeurs, mais ils le durent originairement au consentement libre des sujets. Leur naissance seule les mit ensuite en possession du trône, mais ce furent les suffrages publics qui attachèrent d'abord ce droit et cette prérogative à leur naissance. En un mot, *comme la première source de leur autorité vient de nous, les rois n'en doivent faire usage que pour nous* (1). »

« Ce n'est pas le souverain, ce sont les lois qui doivent régner sur les peuples. Le prince n'en est que le ministre et le premier dépositaire. Ce sont elles qui doivent régler l'usage de l'autorité (2). »

L'évêque de Clermont aurait pu rappeler au petit-fils de saint Louis que telles étaient les maximes de son auguste aïeul, et lui

(1) Massillon, *Petit-Carême*, sermon du dimanche des Rameaux. — Dans une Charte de l'an 1015, dont on conservait autrefois l'original dans les archives de l'église de Beauvais, le roi Robert s'exprime ainsi : *Divinâ propitiante clementia, nos Gallica liberalitas ad regni provexit fastigia.*

(2) Massillon, *Petit-Carême*, sermon pour le jour de l'Incarnation.

citer les dernières instructions qu'il donnait à Philippe-le-Hardi :
« Ne pense pas, mon fils, que les français soient esclaves des
rois, mais plutôt des lois du royaume. Par ainsi use de loi et
non de puissance absolue, afin que la justice et non la tyrannie
soit le vrai fondement de ta puissance (1). »

La puissance absolue n'entre pas dans l'ordre des sociétés
civiles, parce que le gouvernement n'a d'autre fin, d'autre objet
que de conserver aux hommes les avantages qu'ils ont voulu se
procurer en se rendant sujets et citoyens. Le trône et la loi ont la
même origine : le bien de la société. Tout pouvoir est établi dans
l'intérêt du peuple qui y est soumis, et, comme dit Montaigne,
« la juridiction ne se donne pas en faveur du juridiciant ; c'est
en faveur du juridicié. On fait un supérieur, non jamais pour son
profit, mais pour le profit de l'inférieur. »

Il fut une nation où, par la constitution toute religieuse de
l'état, Dieu, toujours présent au milieu de son peuple, était
réputé donner le branle à tous les pouvoirs publics. Là, sans
doute, l'autorité pouvait se dire absolue, puisque sa source était
dans le Ciel même ; et pourtant Bossuet, qui a emprunté à l'histoire de cette nation les règles de la politique, professe hautement
« qu'il n'y a pas de puissance qui soit affranchie par sa nature de
toute loi naturelle, divine et humaine (2). »

Dans un autre ouvrage, il établit que le prince ne peut opprimer les libertés politiques et religieuses des peuples : « Qui jamais
a imaginé, dit-il, qu'un tel droit pût se trouver parmi les hommes, ni qu'il y eût un droit de renverser le droit même, c'est-
à-dire une raison pour agir contre la raison, puisque le droit n'est
autre chose que la raison même, et la raison la plus certaine,

____

(1) *Instructions de saint Louis à son fils. Préceptes d'état*, par
Théveneau, p. 523. 1617.

(2) *Politique tirée de l'Écriture-Sainte*, liv. VIII, art. 1, n° 4. — « Il
y a des lois fondamentales qu'on ne peut changer ». *Ibid.*, liv. I, art. 4, n° 8.

puisque c'est la raison reconnue par le consentement des hommes (1)? »

« La seigneurie publique, concernant les choses qui sont à autrui ou les personnes qui sont libres, il en faut user avec raison et justice. Celui qui en use à discrétion empiète et usurpe : si c'est sur les personnes, c'est les tenir pour esclaves ; si c'est sur les biens, c'est usurper le bien d'autrui : chose que les princes doivent bien considérer, et se souvenir de la réponse que fit le roi Antigonus au flatteur qui lui disait que toutes choses sont justes aux rois. — *Non pas aux rois*, répondit-il, *mais aux tyrans* (2). »

« Comme il n'y a que Dieu qui soit tout-puissant, et que la puissance des hommes ne peut être absolue tout-à-fait, il y a trois sortes de lois qui bornent la puissance du souverain, sans intéresser la souveraineté, — à savoir : *les lois de Dieu*, pour ce que le prince n'est pas moins souverain pour être sujet à Dieu ; — *les règles de justice naturelle*, pour ce que c'est le propre de la seigneurie publique d'être exercée par justice et non pas à discrétion ; — et finalement *les lois fondamentales de l'état*, pour ce que le prince doit user de la souveraineté selon sa propre nature et en la forme et aux conditions qu'elle est établie (3). »

§. II. De l'obéissance due par les citoyens en général.

C'est assez d'autorités pour établir des vérités qu'il suffit d'énoncer, pour montrer que les rois ont d'inviolables devoirs par rapport à la liberté religieuse, aux principes de la morale naturelle et aux lois fondamentales de l'état. Mais ces devoirs ne les obligent-ils que devant Dieu, et, s'ils les violent manifestement, les sujets doivent-ils toujours obéir, sans examen, sans hésitation ?

(1) Bossuet, *Cinquième avertissement aux protestans*, § 30.

(2) Loyseau, *Des Seigneuries*, ch. Ier, n° 13.

(3) *Id., ibid.*, ch. II, n° 9.

(4)

C'était l'opinion de Louis XIV, qui semblait ne se reconnaître soumis à des obligations politiques (1) qu'à la condition de n'être comptable qu'à Dieu de leur accomplissement : « La volonté de Dieu est que quiconque est né sujet *obéisse sans discernement* (2). »

Mais il est assurément permis aux citoyens d'une monarchie constitutionnelle de chercher leurs principes de conduite autre part que dans les maximes d'un roi qui, « voyant, comme il le disait lui-même, consister à sa seule personne tout le bonheur ou la perte de son état (3), » était parvenu à concentrer toute la constitution de la France dans ces trois mots : *l'état, c'est moi.*

Il est assurément permis de préférer cette règle posée par saint Louis, qu'il est *raisonnable* que le devoir d'obéir dans le sujet ait la même limite que le droit de commander dans le prince (4).

Montesquieu (5) reconnaît que ce devoir de l'obéissance est différent dans les gouvernemens modérés et dans les gouvernemens despotiques. Dans les états despotiques, il n'est pas de bornes à l'obéissance : l'homme est une créature qui obéit à une créature qui veut. Dans les états monarchiques et modérés, les lois de l'honneur apportent des modifications à la loi de l'obéissance. Il faut ajouter sans doute que, dans les gouvernemens constitutionnels, les devoirs du citoyen envers son pays admettent encore certaines exceptions nécessaires, puisque le principe de l'obéissance absolue laisserait la constitution sans autre garantie que la volonté du prince, c'est-à-dire celle de ses ministres.

L'homme ne peut renier sa nature. Doué de liberté et de raison de la main de Dieu même, il ne peut abdiquer ces nobles attri-

---

(1) *Défense des droits de la Reine*, composée et imprimée par ordre de Louis XIV. 1667.

(2) Instructions pour le Dauphin, *OEuvres de Louis XIV*, t. II, p. 336.

(3) *OEuvres de Louis XIV*, t. II, p. 426.

(4) « Il est raisonnable que celui qui veut être obéi sache jusqu'où se peut et doit étendre son commandement. » — Instructions de saint Louis à son Fils, *loc. sup. cit.*

(5) *Esprit des Lois*, liv. III, ch. 10.

· (5)

buts. Comme disait le digne ami de Montaigne , « nous ne sommes pas nés seulement en possession de notre franchise , mais aussi avec l'affection de la défendre ; » et , de même que , pour notre existence physique , le soin de notre propre conservation est la loi des lois , de même , dans l'ordre moral , nous ne saurions adhérer à des commandemens qui emporteraient avec eux la destruction de nos droits essentiels. N'attendez pas de l'homme un tel suicide.

Dans l'ordre politique , quelqu'étendue que soit la soumission due par le sujet , elle a cependant des bornes. Il n'en est pas d'un sujet comme d'un religieux qui a fait le sacrifice de sa volonté par le vœu d'obéissance (1). Le sujet a des droits ; il jouit d'une liberté légitime , et son serment de fidélité ne saurait frapper sur l'abandon de ces droits , puisque les sociétés n'ont été formées et que la puissance publique n'a été établie que pour en assurer la possession aux sujets.

« C'est une obligation réciproque, comme au sujet d'obéir à son prince , aussi au prince de maintenir son sujet (2). »

« Les sujets lui doivent obéissance, et lui à eux l'observation des sermens faits en son sacre ; car *c'est réciprocation* (3). »

« Les droits d'une nation libre , les droits du roi des francs reposent sur les mêmes bases que ceux de son peuple (4). »

Au concile de Ponthieu , Charles-le-Chauve ayant proposé pour les évêques cette formule de serment : *In omnibus fidelis et obediens adjutor ero* , le célèbre Hincmar , archevêque de Reims , soutint

(1) Dans son *Compte rendu* de l'institut des jésuites , M. Charles , substitut du procureur-général près le parlement de Rouen , faisait remarquer (p. 110) que , graces au serment d'obéissance absolue, le général était *beaucoup plus que monarque*, et ce serment fut condamné comme immoral par tous les parlemens du royaume.

(2) Loyseau, *Des Offices*, liv. II , ch. 2 , n° 3o.

(3) Remontrances du P. de Paris, en 1561. *Mém. de Condé*, t. XX , p. 5o.

(4) Arrêté du P. de Rouen, du 25 juin 1788.

qu'il fallait s'en tenir à l'ancienne formule du serment de fidélité, *en tout ce qui est de droit et de raison.* La promesse de prêter *aide en toutes choses*, dit-il, est absolument contraire à l'usage établi par rapport au serment que les sujets doivent aux princes et même à celui que les maîtres exigent de leurs serfs : *Contra consuetudinem juramenti quod principibus et dominis suis subjecti et etiam servi jurare debent.*

L'obéissance active n'est donc pas toujours due, comme le disait en 1764, avec privilége du roi, un auteur qu'on accusait pourtant alors d'être ministériel, et il ajoutait que *la désobéissance passive est quelquefois légitime* (1). »

Sous les derniers Stuarts, que la doctrine du droit divin et de l'obéissance passive a perdus, les écrivains politiques d'Angleterre ont agité ces thèses que de douloureuses nécessités réveillent aujourd'hui : Barclay soutenait énergiquement la prérogative royale, et pourtant il reconnaît que la fin pour laquelle le gouvernement est établi détermine les bornes de son pouvoir, de même que les bornes de la subordination des sujets, et, s'il s'élève contre la résistance active aux ordres du souverain, c'est en posant le principe de la résistance passive.

C'est une erreur, dit-il, de confondre la révolte avec le simple refus d'obéir. Le refus d'obéir peut être légitime dans certains cas, et la révolte n'est jamais permise. Le refus d'obéir n'attaque pas l'autorité du supérieur. On reconnaît cette autorité, dans le tems même qu'on ne se prête pas à ce qu'il commande, soit parce qu'on pense qu'il excède son pouvoir, soit parce qu'on regarde comme illicite ou injuste la chose commandée (2).

Faut-il des exemples et des maximes pour établir que *si la loi vient trouver un particulier pour l'interpeller par un comman-*

----

(1) Réal, *Science du Gouvernement.* — Bien plus, la désobéissance passive est une obligation, *quin et facere convenit.* Strick, *Dissert. jurid.*, t. VII, p. 442, édit. 1745.

(2) *Adversus monomarchos, lib. IV, cap. 4. Aliud recusare, aliud rebellare....... Aliud non assurgere, aliud insurgere.*

dement injuste , ce particulier doit , à tout risque , refuser son obéissance (1) ?

Voici le premier président de Lamoignon refusant de révéler à Louis XIV un dépôt qui lui avait été confié , et le Roi , tout absolu qu'il était , reconnaissant qu'il ne peut *obliger un homme d'honneur à manquer à sa parole* (2) ; — voici le chancelier d'Aguesseau s'écriant : Je n'oublierai jamais cette belle maxime d'un jurisconsulte païen : Tout ce qui blesse la vertu , l'honneur , notre réputation , et , en général, tout ce qui est contraire aux bonnes mœurs , nous devons le considérer comme impossible (3) ; — Blackstone qui professe que : Si le crime nous était permis ou enjoint par une loi humaine , nous serions obligés de la transgresser pour ne pas désobéir aux lois naturelles ou divines (4) ; enfin , un évêque, M. Perrier , qui, sous le consulat, appelé devant un tribunal pour constater l'identité d'un émigré rentré, son ancien élève , ne craint pas d'affirmer qu'il ne le reconnaît pas , pour le soustraire , par ce vertueux parjure , à la rigueur de lois barbares et odieuses.

De même , le respect pour les lois-fondamentales du pays doit passer avant tous les autres devoirs d'obéissance.

Dans un livre dont François Ier agréa la dédicace, Claude de Seyssel , évêque de Marseille , dit , dans son vieux langage , que le royaume de France trouve un puissant *retenail* dans « plusieurs ordonnances qui ont été faites par les rois euxmêmes , lesquelles tendent à la conservation du royaume en universel et particulier. Les princes , ajoute-t-il , n'entreprennent pas d'y déroger , et , *quand ils le voudroient faire , l'on n'obéit pas à leurs commandemens* (5). »

<hr>

(1) Paroles de M. Royer-Collard , à la chambre des députés , séance du 28 fév. 1827.

(2) *Vie du président de Lamoignon.*

(3) *Instit. au Droit publ.*, n° 17.

(4) *Lois civ. d'Angl.* , disc. prél., ch. 2.

(5) La *Grande Monarchie de France*, liv. 1. , ch. 2.

Sous Louis XIV , deux prélats , l'honneur de l'église gallicane , reproduisaient les mêmes maximes : Bossuet , affirmant qu'en France « le gouvernement arbitraire n'a pas de lieu (1) » , et Fénélon, que « les peuples ne doivent l'obéissance que suivant les lois fondamentales , et que si les rois les violent , ils ne méritent plus que les peuples l'observent (2). »

Plusieurs fois nos rois ont eux-mêmes formellement autorisé à désobéir aux ordres particuliers qu'on aurait pu leur arracher contre les lois du royaume (3).

Un édit de Charles V , du mois de novembre 1358 , défend aux gens de la cour des comptes d'enregistrer les lettres , même signées et scellées du sceau royal , portant dons au mépris des ordonnances rendues par les états ; « *ne y obéissent, ou fassent , souffrent ou laissent y être obéi* (4). »

Louis XII , dans l'article 40 de l'édit de 1499 , défend aux juges d'obéir à quelque commandement ou lettre itérative du roi contre les ordonnances royales arrêtées dans les états ; et l'article 39 de la grande ordonnance qu'il rendit en 1507 *sur le fait de la justice* en Normandie , porte également : *Notre intention est que les juges de Normandie ne obéissent et ne obtempèrent à nos lettres , sinon qu'elles soient civiles et raisonnables et que les parties les puissent débattre et impugner de subreption , obreption et incivilité.*

C'est ainsi encore que le chancelier de L'Hospital disait que le.

---

(1) *Politique,* liv. VIII , art. 2. — « Le gouvernement légitime est opposé par sa nature au gouvernement arbitraire, qui est barbare et odieux. » *Ibid.*

(2) *Direct. de la consc. d'un Roi,* ch. 2. — C'est la doctrine commune des théologiens, qu'on peut et qu'on doit ne pas obéir lorsque l'ordre reçu blesse les lois fondamentales du pays. *V.* les autorités citées dans les *Maximes du Droit Public français,* 1775, tom. II, part. 3, ch. 6.

(3) L'art. 190 de l'ordon. de Blois ne déclare coupables de rebellion que ceux qui auraient *directement* attenté contre l'autorité du roi.

(4) *Ordonnances du Louvre,* tom. IV, p. 348.

parlement doit, non pas garder les commandemens du roi, mais bien garder les ordonnances qui sont ses vrais commandemens.

Les parlemens pratiquèrent plus d'une fois dans leur conduite ce précepte de L'Hospital ; il suffira d'en rapporter ici un seul exemple : *domestica facta.*

Le 8 mai 1788, le ministère avait fait enregistrer au parlement de Paris, dans un lit de justice, plusieurs édits qui paraissaient attentatoires au droit public du royaume. Dès le lendemain, le parlement de Rouen s'assembla pour délibérer sur les mesures à prendre dans le cas où des porteurs d'ordres se présenteraient pour procéder à un enregistrement forcé. Entr'autres choses, cette cour décida qu'il serait dit par le président aux porteurs d'ordres *que l'obligation étroite du serment qu'ils ont prêté de garder et observer les lois du royaume, qui sont les seuls et vrais commandemens du roi, aurait dû les empêcher de se charger d'ordres contraires au bien du service du seigneur roi et à ses vrais intérêts.*

Après ce coup-d'état consommé, le parlement prit, le 25 juin, un arrêté qui contenait ses protestations de nullité contre tout ce qui avait été fait. Dans cet acte, la *résistance passive* est encore présentée, lorsqu'il s'agit du maintien des lois fondamentales de l'état, comme une *obligation* imposée *par les lois du royaume et de la province, par la religion du serment, le sentiment de l'honneur et de ce respect que chacun se doit à soi-même* ; et, ce ne sont pas seulement les magistrats des juridictions inférieures que le parlement exhorte à ne pas *se prêter volontairement à l'oppression,* il s'adresse aussi aux simples citoyens, et *rend un tribut d'estime à l'ordre entier des avocats* qui n'avait pas *hésité entre le sacrifice de ses devoirs et celui de son état et de sa fortune.*

Ainsi, en résumé, comme il est trois bornes invariables aux droits de l'autorité civile : la liberté religieuse, la morale publique et les lois fondamentales « unies et annexées avec la couronne(1), »

_____

(1) Bodin , *De la République,* ch. 8.

il est permis de dire que ce sont là aussi les limites que les citoyens peuvent mettre au devoir d'obéir, et toutes les fois que l'un de ces devoirs supérieurs qui obligent en même tems le gouvernement et les sujets, serait *manifestement* blessé par l'exécution des commandemens prescrits, la résistance passive deviendrait un droit ; car, comme l'a remarqué un jurisconsulte de notre âge, bien digne d'être cité à côté des lumières des tems anciens, « loi, obligation, droit et devoir, sont des corrélatifs inséparables (1). »

§. III. De l'obéissance due par les militaires.

Peut-être ne serait-il pas difficile, d'après ce qui précède, de poser les bornes de l'obéissance due par les militaires à leurs chefs dans l'intérieur du pays et relativement à leurs compatriotes. Peut-être suffirait-t-il de considérer que, dans nos mœurs, les militaires ne cessent pas d'être citoyens ; que si, pour un tems, ils prennent les armes, c'est pour la défense des lois et de la patrie, et qu'ils doivent bientôt rentrer dans l'état pour subir le régime qu'ils auront contribué à affermir de leurs mains.

Mais on se propose moins ici de fixer les limites précises de la subordination militaire que de montrer combien est sujet à exceptions le prétendu principe que les *corps armés ne doivent savoir qu'obéir.*

Si l'obéissance passive des militaires était toujours le premier de leurs devoirs, pourquoi la Bible loue-t-elle de leur résistance les officiers de Saül qui refusèrent de massacrer les prêtres coupables d'avoir donné asile à David ? pourquoi nous a-t-elle conservé comme le nom d'un assassin celui de l'iduméen Doëg qui accomplit cet ordre (2) ?

Pourquoi l'Église a-t-elle consacré par ses hommages la mémoire de Maurice et de ses compagnons de la légion thébaine, mis

(1) Toullier, *Droit civil, des lois*, n.º 37.
(2) *Reg.*, lib. I, cap. 22.

à mort pour n'avoir pas voulu marcher contre les chrétiens de la Gaule, comme l'ordonnait l'empereur (1) ? Si des soldats doivent toujours obéir en aveugles, Maurice et les siens ne devaient pas examiner si les habitans des Gaules étaient des chrétiens persécutés ou des sujets révoltés. Comment concilier avec ce devoir *qui ne raisonne pas*, le discours que Bossuet met dans la bouche de ces martyrs : « *Nous sommes vos soldats, mais nous sommes serviteurs de Dieu. Nous vous devons le service militaire, mais nous lui devons l'innocence.... (2) ?* »

Notre histoire offre plus d'un exemple de ces généreux refus qui seraient des crimes si l'obéissance passive était un devoir absolu.

Après la convention d'Amboise, en 1565, les allemands, reîtres et lansquenets, qui étaient au service de France, furent payés des deniers du roi et renvoyés dans leur pays. Ils traversaient le royaume avec un sauf-conduit, lorsque Catherine de Médicis écrivit à Tavannes, commandant de Bourgogne, de les attaquer en route et de les détruire. Mais Tavannes ne voulut pas violer un traité de paix et refusa d'obéir (3).

C'est sous le même règne que le vicomte d'Orthez et tant d'autres gouverneurs de villes se couvrirent d'une gloire immortelle en refusant d'exécuter les ordres qu'il avaient reçus contre les protestans, quoique signés de la main du roi.

Crillon était mestre de camp du régiment des gardes, lorsque Henri III lui proposa de lui servir d'exécuteur pour la mort du duc de Guise, et qu'il répondit « que, bien qu'il fût capable de tout entreprendre pour le service de S. M., *il ne l'était pas de commettre un assassinat (4).* »

(1) *Act. Martyr.*, p. 290.

(2) *Cinq. Avertiss. aux Protestans*, § 16.

(3) *Esprit de la Ligue*, tom. I, liv. 2.

(4) Mézeray, *Histoire de France.* — Le jésuite Daniel dit à ce propos que *les commandemens des rois sont quelquefois de telle nature qu'un honnête homme ne peut avec honneur se charger de l'exécution.*

Voilà les exemples ; les maximes, les voici :

Dans ses remontrances du 16 janvier 1764, le parlement de Paris développe les principes de l'obéissance dûe par les militaires aux ordres de leurs chefs : en guerre et contre les ennemis de l'état, tout dépendant de la force, et la force ne tirant son succès que de l'autorité du commandement et de la promptitude de l'exécution, *l'obéissance aveugle est, dans ce cas, un devoir, une vertu.....* ; mais le gouvernement civil se règle par des principes tout différens : « Son objet étant de maintenir les citoyens dans la jouissance des droits que les lois leur assurent, soit à l'égard du souverain, soit vis-à-vis les uns des autres, c'est la loi qui commande, ou, pour s'exprimer plus précisément, le souverain commande par la loi. Dans ce cas, comme l'autorité doit être conforme à la loi, la force exécutrice ne doit pas non plus s'en écarter ; et, par conséquent, *comme le commandement ne peut être arbitraire, l'obéissance ne peut être aveugle : l'un et l'autre doit toujours être réglé par la loi......*

» Les citoyens ne doivent porter les armes dans l'intérieur de l'état que pour la défense et la protection des lois ; et, comme elles ne doivent être offensives que contre l'ennemi, elles ne doivent être que défensives en faveur du citoyen.

» Le guerrier, rentré dans l'intérieur de l'état, ne doit être qu'un citoyen paisible, soumis aux lois, et il ne doit jamais souiller sa gloire, en tournant ses mains victorieuses de l'ennemi contre ses concitoyens..... »

Le parlement ne faisait que développer ce qu'avait professé dès long-tems un de nos plus judicieux jurisconsultes :

« La charge des gouverneurs militaires, dit Loyseau, est proprement ordonnée et doit être principalement dirigée contre l'ennemi étranger duquel on ne peut avoir raison par justice, et non pas contre le citoyen qui est sujet à la justice de l'état ; ou bien, si elle est dirigée contre le citoyen, faut, ou qu'il soit rebelle et ait quitté l'obéissance de son prince, ou du moins qu'il soit séditieux. Encore contre les séditieux la force des armes ne doit être employée , sinon tant que la justice n'en peut chevir , et ce n'est en ce cas que tenir main-forte à la justice.

» Autrement et si la force n'étoit contrôlée par la justice, ce seroit volerie et brigandage plus malaisé à éviter que celui des forêts et de la mer (1). »

Lorsque Montesquieu dit, à l'endroit qu'on a cité ci-dessus, que, dans les monarchies, l'honneur appose des bornes à l'obéissance, c'est précisément l'exemple de militaires refusant d'obéir qu'il choisit , et il cite le vicomte d'Orthez et Crillon.

Ailleurs il indique assez clairement que dans les états soumis à une constitution libre , les militaires ne doivent rien faire contre les institutions du pays :

« Pour que la puissance exécutrice ne puisse pas opprimer, il faut que les armées qu'on lui confie soient peuple et aient le même esprit que le peuple (2). »

C'est là l'heureuse condition que Montesquieu admirait en Angleterre , où, disait-il encore, « le guerrier reste citoyen ou même magistrat, afin que ces qualités soient un gage pour la patrie et qu'on ne l'oublie jamais (3). »

Cette garantie de la constitution anglaise, dont la garde est confiée au patriotisme de l'armée, est toujours demeurée intacte (4),

(1) *Des Offices* , liv. IV, ch. 4 , nos 84 et 85.

(2) *Esprit des Lois*, liv. XI , ch. 6.

(3) *Ibid.*, liv. V, ch. 29.

(4) « A tout ce que l'on vient de dire concernant la prééminence de l'autorité civile sur le militaire en général , il est inutile d'ajouter que tous les délits qui se commettent par le soldat contre les individus des autres classes du peuple , sont de la compétence du juge civil. Tout usage qu'il fait de ses armes , *à moins qu'il n'en soit expressément requis du magistrat dont il doit attendre les ordres,* l'expose à être chargé d'un meurtre dont on ne découvrirait pas les vrais auteurs. *Il lui est inutile d'alléguer devant un juge le devoir ou les usages de son état, pour pallier quelque faute , il n'est pas même écouté.* » Delolme, *Constit. d'Anglet.*, liv. II , ch. 18.

et le dernier commandant en chef des forces britanniques, frère de Georges IV, professait hautement que pour un militaire anglais l'attachement aux libertés publiques doit prévaloir sur tout autre devoir d'obéissance.

« Un jour, dit l'auteur de sa vie, une discussion s'éleva à la table du duc d'Yorck, entre un jeune officier et un lieutenant-colonel, sur la question de savoir jusqu'à quel point on devait porter l'obéissance militaire. Si le commandant en chef, dit le jeune officier, m'ordonnait de faire quelque chose que je saurais être contraire aux lois civiles, je n'hésiterais pas à lui obéir, et je me regarderais comme mis à l'abri de toute responsabilité par l'ordre de mon officier supérieur. — Et moi, je n'en ferais rien, répondit le brave officier qui soutenait l'opinion contraire ; j'aimerais mieux courir le risque d'être fusillé par ordre de mon commandant, pour cause de désobéissance, que celui d'être pendu pour avoir transgressé les lois civiles de mon pays. — Vous avez répondu d'une manière digne de vous, dit S. A. R., et l'officier qui agirait autrement mériterait d'être fusillé et pendu en même tems. J'espère que tout officier anglais serait aussi peu disposé à exécuter un ordre illégal, que je me flatte que le commandant en chef serait incapable d'en donner un (1). »

Le but de la loi du 15 mars 1815, en confiant le dépôt de la Charte à la fidélité de l'armée, a été précisément de donner à nos institutions constitutionnelles cette invincible garantie morale (2) ; et dire que tout militaire requis pour prêter main-forte à une tentative évidemment illégale, à un coup de main contre la Charte, devrait refuser cette assistance funeste, c'est parler le langage de la loi comme celui de la raison.

Enfin, comme un principe doit être surtout apprécié par ses

(1) *Notice sur le dernier duc d'Yorck*, par W. Scott.

(2) .... « Voulant donner à nos fidèles sujets une *nouvelle garantie* de tous leurs droits politiques et civils fondés sur la Charte constitutionnelle. »

résultats , on prie les partisans de l'obéissance passive absolue de
réfléchir sur ces trois dates :

18 Fructidor an VI ;
18 Brumaire an VIII ;
24 Octobre 1812. (Conspiration de Mallet.)

§. IV. Du refus de l'impôt.

Dans un *rapport à S. M. Louis XVIII*, fait en 1796, par M.
de Monthion , *chancelier de Mg^r le comte d'Artois* , on lit que ,
« d'après l'ancienne constitution du royaume, il appartenait essentiellement à la nation de consentir l'impôt dans les états-généraux ,
et aux municipalités de le répartir entre les citoyens par des ad-
ministrateurs de leur choix. »

Notre histoire tout entière dépose de cet ancien droit (1) et
des résistances légales qui plus d'une fois en devinrent la garantie
nécessaire.

« Les anciens rois, attachés aux lois fondamentales de la monarchie , vivaient des revenus de leurs domaines. Dans des cas
extraordinaires, ils exigeaient des aides de leurs vassaux, comme
les seigneurs de fiefs et suivant les coutumes féodales ; mais il
n'y avait pas d'impôt généralement établi. Saint Louis *ne croyait
pas qu'il lui fût permis d'exiger la moindre chose de ses sujets ,*
et dans son testament il défendit à ses enfans de lever aucune
taille sur le peuple.

« Philippe-le-Bel fut le premier qui tenta d'établir des subsides.
Au retour de son expédition de Flandre , il ordonna qu'on lui
payât six deniers par livre de toutes les denrées vendues dans
les villes. Mais *on refusa hautement d'obéir à un ordre si violent
et dont on n'avait pas encore vu d'exemple.* Enguerrand de Marigny
conseilla au Roi *d'obtenir par douceur ce qu'il ne pouvait emporter*

______

(1) V. l'*Histoire des Assemblées nationales* , par M. Henryon de Pansey.

d'autorité. Philippe convoqua donc, pour la première fois, une assemblée à laquelle furent mandés le clergé, la noblesse et les députés de la ville de Paris. Marigny y représenta si vivement les besoins de l'état, que les trois ordres consentirent à une imposition fort onéreuse (1). »

En 1314, Philippe-le-Bel convoqua de nouveau les états pour obtenir de l'argent, et, quoique ses propositions n'eussent pas été adoptées, « on fit passer l'imposition odieuse et arbitraire de six deniers par livre de toutes les marchandises qui seraient vendues dans le royaume, pour l'effet du consentement unanime des trois ordres ; » mais ce procédé, que le continuateur de de Naugis qualifie d'extorsion, de rapine, d'invention inouie, excita un soulèvement général, et les provinces se montrèrent pleines de zèle pour maintenir leur liberté et celle de la patrie : *Pro sua et patriæ libertate ferre nullatenus sustinentes, ob hoc viriliter se opponunt.*

« La noblesse, le clergé et le peuple, également oppressés et fatigués par les entreprises réitérées de ce prince, prirent la résolution, d'un concert unanime, de s'unir pour repousser ses vexations continuelles, et pour obtenir la réparation de leurs griefs. Il reste au trésor des chartes huit originaux de ces associations des provinces, dans lesquelles on voit le concours du clergé, de la noblesse et du tiers-état, et quelle était l'extrémité où la conduite obstinée du roi et l'inexécution de ses promesses les avait réduits. Ce sont ici les derniers titres de notre liberté (2), » dit un auteur assurément non suspect, et il transcrit avec une sorte de vénération une de ces chartes (3), si semblables à ces

______

(1) *Mémoires pour servir de preuves à l'Hist. de Bretagne*, par D. Maurice, tom. III, Préf., p. 14.

(2) Boulainvilliers, *Hist. de l'Anc. Gouvern. de France*, tom. II, pag. 93.

(3) En voici la copie :

« A tous ceux qui verront ou ouïront ces présentes lettres, li nobles et
» li communs de Champagne, pour nous, dans le pays de Vermandois, de

souscriptions que d'imminens périls pour les libertés publiques viennent de provoquer parmi nous.

Cette généreuse résistance avait soulevé tout le royaume, lorsque Philippe fut atteint de la maladie qui devait terminer ses jours. De son lit de mort il ordonna de cesser la levée des nouveaux impôts, et, « dans son repentir amer d'avoir tant vexé ses

» Beauvaisis, de Ponthieu, de la Fère, de Corbie, et pour tous li nobles
» et communs de Bourgogne, et pour tous nos alliés et adjoints, étant dans
» les points du royaume de France, salut : Sçachent tous que comme très-
» excellent et très-puissant prince notre cher et redouté Philippe, par la
» grace de Dieu, roi de France, ait fait et relevé plusieurs tailles, sub-
» ventions, exactions non dues, et plusieurs autres choses qui ont été faites,
» pourquoi li nobles et li communs sont moult grevés et appauvris et à
» moult grand méchief pour les choses dessus dites qui encore sont, et il
» n'appert pas qu'ils soyent tournez en l'honneur et profit du Roi, ne du
» royaume, ne en défension d'un profit commun ; desquels griefs nous
» avons plusieurs fois requis et supplié humblement et dévotement ledit
» sire roi que ces choses voulust défaire et délaisser ; de quoi rien n'en a
» fait ; et encore en cette présente année 1314, li dit notre sire le roi a
» fait imposition non duement sur li nobles et li communs du royaume ;
» laquelle chose nous ne pouvons souffrir ne soutenir en bonne conscience,
» car ainsi perdrions nos honneurs, franchises et libertés. Pour lesquelles
» choses dessus dites, nous, li nobles et communs dessus dits, et par nous
» et par nos parents et alliés étant dans les points du royaume de France
» en la manière que dessus est dit, avons juré et promis par nos sermens
» léaument et en bonne forme par nous et nos hoirs aux comtés de Ton-
» nerre et d'Auxerre, aux nobles et communs desdits comtés, leurs alliés et
» adjoints, que nous, en la subvention de la présente année et tous autres
» griefs et nouvelletés non duement faites et à faire au temps présent et à
» venir que li rois de France nos sires ou autres leur voudront faire, les
» ayderons et secourerons à nos propres cousts et dépens. Et à sçavoir qu'en
» cette chose faisant, nous avons retenu et retenons, voulu et voulons que
» toutes les obéissances, féautés, léautés et hommages jurés ou non jurés et
» toutes autres droitures que nous devons aux rois de France nos sires et
» à nos autres seigneurs et à leurs successeurs, soient gardées, sauvées et
» réservées. »

sujets, il en demanda pardon à Dieu et absolution au Saint-Père (1). »

Louis-le-Hutin, son fils, suivit fidèlement ses dernières recommandations. Il déclara que ni lui ni ses successeurs ne pourraient lever aucun subside à l'avenir sans le consentement des prélats, des nobles et des communes, qui en feraient eux-mêmes la perception (2); et les chartes particulières qu'il accorda aux provinces pour les rétablir dans leur liberté primitive supposent toutes la nécessité du consentement des peuples aux taxes qu'ils doivent payer.

Par exemple, dans la *Charte normande* on lit cette clause : « Que doresenavant, par nous ou nos successeurs audit duché de Normandie, ne pourront et ne devront être imposées et levées, sur les personnes y demeurantes, aucunes tailles, subventions, impositions ou exactions quelconques, sans une évidente utilité et une urgente nécessité, *et ce par la convention et l'assemblée des trois états dudit duché, suivant qu'il a été usé par le passé* (3).

C'est ainsi que, pendant les règnes de Louis-le-Hutin, de Philippe-le-Long, de Charles-le-Bel et de Philippe-de-Valois, les impôts furent toujours votés, soit dans l'assemblée des états-

(1) Mezeray, *Abrég. Chronol.*

(2) Boulainvilliers, *Anc. Gouv. de la France*, tom. II, p. 128.

(3) C'est en ces termes que l'art. 7 de la charte normande de 1315 est rapporté dans les remontrances du parlement de Rouen, du 5 février 1788. Dans plusieurs éditions de cette charte, les mots soulignés ne figurent pas ; mais du reste le principe à cet égard ne saurait être douteux, puisqu'on lit dans la charte de 1207, octroyée à la ville de Rouen par Philippe-Auguste : *Nec eos cogemus ad reddendam nobis talliam, nisi sponte suâ nobis dare voluerint* ; et que, dans tous les procès-verbaux des états de Normandie jusqu'en 1666, on voit toujours reconnue la nécessité du consentement des trois ordres, et cette clause répétée que l'imposition est accordée *par pur don, pour une année seulement et sans tirer à conséquence.* V. *Constitution Normande*, par M. Delafoy, p. 142 et suiv.

généraux, soit dans des assemblées particulières de provinces et de villes ; et toujours il était exprimé qu'ils avaient été accordés par *pure grace et bonne volonté, sans tirer à conséquence.*

Sous le roi Jean, les diverses ordonnances rendues en conséquence de l'*octroi* fait par les états-généraux ou par les divers états des provinces, stipulent expressément le droit de refuser toute obéissance, si, en vertu de quelque commission royale, l'impôt était exigé autrement qu'aux conditions et suivant les réserves faites par les états (1).

L'ordonnance arrêtée dans les états-généraux de 1355 fait plus que légitimer le refus d'obéir, elle autorise la résistance active. « L'imposition accordée sera employée aux frais de la guerre, sans que le roi en puisse rien détourner pour d'autres usages. Elle ne sera pas reçue par les gens ou officiers du roi, mais seulement par les députés des trois états qui jureront, quelque nécessité qui advienne, de ne donner aucun argent au roi pour autre fait que celui de la guerre. Si, par importunité ou autrement, aucun impétrait lettres ou mandemens du roi ou autres au contraire, *les députés ou receveurs jureront sur l'Évangile de n'y point obéir ;* et, s'ils le faisaient, ils seraient privés de leurs offices et mis en prison fermée. Si aucuns des officiers du roi, sous ombre de mandemens ou impétrations, s'efforcent de prendre ledit argent, *les receveurs seront tenus de résister de fait,* et pourraient assembler leurs voisins de bonnes villes, selon que bon leur semblerait, *pour à eux résister.* »

Louis XI est le premier qui imagina de se passer du consentement des états pour la levée des impôts (2): œuvre bien digne d'un tel inventeur (3). « Il mit, comme dit Coquille, plus au

_____

(1) *Collection du Louvre*, tom. III, p. 394, 402, 439, 503, 529, 567, etc.

(2) Quelques auteurs veulent que ce soit Charles VII qui ait fait à cet égard les premières tentatives ; mais Boulainvilliers le justifie. *Anc. gouvern. de la France*, tom. III, p. 86.

(3) Il n'osa pas même d'abord se passer entièrement des états, mais il les

large la puissance des rois au préjudice des seigneurs et du peuple....... Pourquoi le roi François Ier disait que ledit roi Louis XI avait mis les rois de France hors de page. »

Mais, au lit de mort aussi, il se repentit des actes dont depuis François Ier lui faisait honneur, et il recommanda à son fils de *réduire les levées de deniers à l'ancien ordre du royaume, qui était de n'en pas faire sans l'octroi des peuples* (1). « Tant il est vrai que, par testament du moins, les tyrans mêmes ne peuvent s'empêcher de blâmer le despotisme (2) ! »

Les états de Tours de 1484, revendiquant l'ancienne liberté, arrêtèrent que « toutes les tailles et autres aydes équipollens aux tailles extraordinaires qui avaient eu cours, soyent tollues et abolies ; et que, *en ensuivant la naturelle franchise de France et la doctrine du roi saint Loys........*, ne seroient imposées ne exigées lesdites tailles ne aydes équipollens à tailles sans premièrement assembler lesdits trois états et déclarer les causes et nécessités du roi et du royaume pour ce faire, et que les gens desdits états le consentent en gardant les priviléges de chacun pays. »

Ce principe fut respecté par Charles VIII et par Louis XII ; mais, sous François Ier, Poyet et Duprat introduisirent le pouvoir arbitraire, et à sa suite les taxes établies par simples ordonnances.

A partir de ce règne, les assemblées des états-généraux devinrent moins fréquentes, le gouvernement ne les convoquant plus que lorsque des circonstances extraordinaires faisaient paraître leur concours absolument indispensable.

Mais, du moins, en présence de ces assemblées, le principe qu'il

convoquait à sa guise. « Louis XI, dit Bodin, (*Recueil des États de Blois,* p. 323), avec 18 à 20 personnes qu'il convoquait par forme d'états, disposait à son bon plaisir de tout ce qu'il voulait, et faisait entendre que c'était les états. »

(1) Mézeray, *Abrég. Chronol.*

(2) Mme de Staël, *Consid. sur la Révol. Franç.*, ch. 2.

leur appartenait exclusivement de consentir l'impôt fut toujours reconnu, et, par exemple, Henri III ayant demandé aux premiers états de Blois un subside de deux millions qui lui fut refusé, ses ministres n'osèrent passer outre.

D'ailleurs, lorsque les états n'étaient pas convoqués pour les consentir, les édits bursaux devaient être enregistrés dans les parlemens qui, comme l'avaient reconnu (à tort, il est vrai) les états de 1577, étaient *une forme des états raccourcie au petit-pied*, et si, jusqu'à Louis XIV, il existe quelques exemples de complaisances parlementaires, il existe aussi, et en bien plus grand nombre, des exemples d'une généreuse fermeté, pour la défense des intérêts du pays.

Depuis les états de 1614, la nation cessa absolument d'être consultée sur l'établissement des impôts. On sait que Louis XIII, qui, comme le disait le duc de Rohan, n'était jaloux de son autorité qu'à force de ne pas la connaître, était tellement imbu des idées du pouvoir absolu, que, quand on osait lui parler de quelques droits établis ou de quelques priviléges, il se bouchait les oreilles de ses deux mains et demandait en criant à tue-tête ce que c'était qu'un privilége contre sa volonté.

Les édits bursaux furent portés aux parlemens où ils étaient enregistrés, soit immédiatement, soit après lettres de jussion, soit enfin dans des lits de justice, excepté dans certaines provinces, où la politique forçait d'exécuter les anciennes capitulations et d'assembler les états.

Cependant l'ancienne liberté française se produisit encore plus d'une fois en efficaces résistances ou en énergiques protestations.

« En 1617, les états du Languedoc s'assemblèrent à Béziers....
» Le roi ayant établi la crue de 37 sous par quintal de sel,
» et ayant projeté d'unir la chambre des comptes avec la cour
» des aides de Montpellier, les états s'y opposèrent, ils députèrent
» à la cour l'évêque de Carcassonne, le baron de Castries, un
» capitoul de Toulouse, un consul de Montpellier, qu'ils firent
» partir incessamment, et résolurent de demeurer assemblés,

» sans délibérer sur aucune imposition, jusqu'à ce qu'il eût plu
» au roi de faire droit à ces députés ; et, en cas que le roi eût
» établi la crue sur le sel, ils convinrent et firent serment d'en
» empêcher l'exécution. Enfin on enjoignit aux syndics d'envoyer
» cette délibération dans toute la province..... On continua de
» délibérer les jours suivans sur la crue du prix du sel, qui
» était à 10 livres 3 sous le quintal, *et on s'opposa à l'enregis-*
» *trement, parce que le pays n'y avait pas consenti, et qu'elle*
» était contraire au traité fait avec le feu roi en 1599 et à
» divers arrêts donnés en faveur de la province. *On résolut de*
» *refuser l'entrée des villes à tous les commissaires qui se pré-*
» *senteraient pour la faire lever, et on envoya des députés des*
» *états dans tous les greniers à sel, pour le faire distribuer au*
» *prix auquel il était avant la crue. On prit fait et cause pour*
» *tous ceux qui seraient vexés pour l'avoir empêché, et on enjoignit*
» *à toutes les communautés de tenir la main à cette délibération*
» *envers tous et contre tous, déclarant dès-lors déserteurs du*
» *bien public tous ceux qui y contreviendraient.....* Les députés
» des états ayant été écoutés au conseil du roi le 4 de mars,
» *ce prince leur fit un bon accueil,* et nomma Boissise, con-
» seiller-d'état, pour aller conférer avec les états touchant la
» crue du sel (1). »

Les écrivains rappelèrent aussi les anciennes maximes :

« Les lois fondamentales du royaume, disait le président
Delabarre en 1631, n'autorisent personne à lever deniers, non
pas même le roi, sans délibération du public et consentement
d'Etats, les trois ordres du royaume étant pour ce congrégés et
assemblés.

» Durant que nos rois n'avaient que leur domaine, ména-
geant, comme bons usufruitiers, il fournissait à leurs dépenses
ordinaires, et avaient du reste au bout de l'an..... *Autrement*
ils n'eussent pas été tolérés, car le peuple d'alors, non accoutumé
aux exactions, ne les eût endurés ou soufferts.

______

(1) *Hist. gén. du Languedoc*, par D. Vaissette, tom. V, p. 513 et suiv.

» Les levées de deniers sont certes prestations volontaires du peuple à son prince. C'est pourquoi on tient les états provinciaux d'an en an, où le prince fait sa demande. Toutes levées autrement que du consentement des trois ordres seraient espèces d'exactions et tyrannies....... Les subventions des sujets sont volontaires et dues, en tant qu'ils le peuvent et le veulent (1). »

Claude Joly, casuiste qui écrivait à Paris, en 1652, un *Traité des restitutions des grands*, professait dans ce livre que les rois qui ont perçu des impôts non autorisés par les états-généraux, sont tenus en conscience à restituer ce qu'ils ont ainsi exigé indûment. Il cite saint Thomas, Oresme, évêque de Lisieux, qui avait été précepteur de Charles V, et Angelus de Clavasio, qui, en sa *Somme des cas de conscience*, dit : *Si talliæ non sunt ad utilitatem boni communis, rex non potest eas imponere, et si imponit, subditi non tenentur ei obedire.*

Les résistances des parlemens ou des peuples, les réclamations des écrivains politiques et jusqu'aux décisions des écrivains du for intérieur, tous les vestiges de l'ancienne liberté française, devaient entièrement se perdre sous Louis XIV.

Dès l'âge de dix-sept ans, il allait, en bottes et un fouet à la main, déclarer au parlement qui prétendait délibérer sur quelques ordonnances, que, quand il avait ordonné, il ne restait plus qu'à obéir. L'enregistrement des édits, sans le droit d'examen et de remontrance, n'était plus qu'une vaine formalité. Louis XIV taxait les personnes et les propriétés, sans contradiction, prétendant que tout ce qui se trouvait *dans l'étendue de ses états lui appartenait au même titre*, les *deniers de sa cassette* comme ceux qu'il *laissait dans le commerce de ses peuples* (2). Pour avoir rappelé

(1) *Sommaire des Élus*, 1631, p. 332 et suiv.

(2) « Tout ce qui se trouve dans l'étendue de nos états, de quelque nature qu'il soit, nous appartient au même titre. Les deniers qui sont dans notre cassette, ceux qui demeurent entre les mains des trésoriers, et ceux que nous laissons dans le commerce de nos peuples, doivent être par nous

des principes contraires, Mézeray perdait sa pension ; et le jésuite Tellier ne manquait pas de soumettre au roi « une consultation des plus habiles docteurs de Sorbonne qui décidait nettement que tous les biens de ses sujets étaient à lui en propre , et que , quand il les prenait, il ne prenait que ce qui lui appartenait (1). »

Mais, comme l'a proclamé Bossuet, « il y a dans les empires des lois contre lesquelles tout ce qui se fait est nul de droit , et il y a toujours ouverture à revenir contre , ou dans d'autres occasions, ou dans d'autres temps : leur action contre les injustices et les violences est immortelle (2). »

« On tenterait inutilement de soutenir que les rois sont en droit de déroger à ces lois sous prétexte que l'usage y a été contraire pendant plusieurs siècles (3). »

Les parlemens, qui déjà sous Louis XV avaient commencé à rappeler dans leurs remontrances les anciennes maximes de la liberté française en matière d'impôts, finirent en 1788 par déclarer qu'ils ne pouvaient plus, même par provision, enregistrer aucun édit bursal, et que les contributions, pour être légitimement perçues, devaient nécessairement avoir été votées par les états-généraux (4).

également ménagés. » *Instructions de Louis XIV pour le Dauphin,* tom. II, p. 93.

(1) *Mémoires de Saint-Simon*, tom. IX, p. 44. — Jacques I ᵉʳ ayant de même demandé à un évêque s'il pouvait lever des impôts sur ses sujets sans le consentement du parlement : *A Dieu ne plaise, Sire*, répondit-il, *que vous ne le puissiez : vous êtes le souffle de nos narines !*

(2) *Politique*, liv. VIII, art. 2, nᵒ 1.

(3) *Mémoires des Princes du sang contre les Princes légitimés.* 1716.

(4) « C'est aujourd'hui une vérité nationale, une maxime constitutionnelle généralement reconnue, que l'établissement de l'impôt exige le concours des trois ordres de l'état. L'exercice de ce droit imprescriptible a bien pu être suspendu, mais jamais anéanti. » *Remontrances du P. de Rouen*, du 5 février 1788.

« Il faut ou méconnaître la nécessité du consentement des états-généraux

Un mémoire présenté au roi à la même époque et signé par le comte d'Artois, le prince de Condé, le duc de Bourbon, le duc d'Enghien et le prince de Conti, reconnaît expressément le droit de refuser tout impôt illégalement établi. Il faut, disait ce mémoire, que les états soient convoqués *dans la forme constitutionnelle.* Autrement «qui peut douter qu'on vît un grand nombre de gentilshommes attaquer la légalité des états-généraux, faire des protestations, les faire enregistrer dans les parlemens, les signifier même à l'assemblée des états? Dès-lors, aux yeux d'une partie de la nation, ce qui serait arrêté dans cette assemblée n'aurait plus la force d'un vœu national. Et quelle confiance n'obtiendraient pas dans l'esprit des peuples des protestations *qui tendraient à les dispenser du paiement des impôts consentis dans les états !* »

Le voilà donc fondé sur tous les documens de notre histoire, justifié par d'irrécusables témoignages, ce principe fondamental dans tous les états où le despotisme n'est pas établi, que les propriétés sont libres et franches comme les citoyens qui les possèdent; que si chacun doit contribuer, en proportion de ses facultés, aux charges publiques, l'impôt doit toujours être consenti, dans les formes consacrées, par les légitimes représentans du pays, et qu'autrement il n'est qu'une exaction à laquelle nul n'est tenu de se soumettre (1).

Pendant près de deux siècles, ce principe, imprescriptible puisqu'il tient aux fondemens mêmes de l'ordre social, avait été méconnu et violé en France :

« Le droit le plus essentiel du citoyen, le droit de suffrage sur les

pour légitimer l'établissement et la perception des impôts, ou convenir qu'il n'appartient pas à la prérogative royale d'investir qui il lui plaît du droit de suppléer ce consentement, même par provision. » *Arrêté du P. de Rouen,* du 25 juin 1788.

(1) « Il n'y a ni roi ni seigneur sur terre qui ait pouvoir, outre son domaine, de mettre un denier sur ses sujets, sans l'octroi et consentement de ceux qui doivent le payer, si ce n'est par tyrannie et violence. » Ph. de Comines, *Mémoires,* liv. V., ch. 18.

jois et sur les impôts, était tombé dans une espèce de désuétude, et la puissance royale était dans l'usage d'ordonner seule ce qu'elle ne pouvait ordonner qu'avec le concours des représentans de la nation. Ce droit, essentiellement appartenant à la nation, semblait transporté aux tribunaux, et encore la liberté de leurs suffrages avait été restreinte par des lits de justice et par des emprisonnemens arbitraires.... Des impôts avaient été établis sans le consentement de la nation et de ses représentans ; des impôts avaient été perçus après l'époque fixée par le gouvernement pour leur cessation ; des impôts, faibles dans leur origine, avaient eu un accroisment prodigieux et irrégulier ; une partie des impôts portait plus sur la classe indigente que sur la classe riche ; des impôts qui devaient être répartis par les contribuables étaient répartis par les officiers du roi ou même par des commissaires. Les rois s'étaient établis juges, en leur conseil, de quelques contributions. Des commissions avaient été établies pour juger d'affaires fiscales dont la connaissance appartenait aux tribunaux. Les dettes qui grevaient la nation avaient été contractées sans le consentement de la nation........ »

Voilà ce que M. de Monthion reconnaissait, en 1796, dans son *Rapport à S. M. Louis XVIII*. Tels étaient, ajoute-t-il, après avoir énuméré d'autres abus encore, *les torts du gouvernement* et *les faits dont la nation avait juste sujet de se plaindre en 1789*, aveu bien remarquable dans une telle bouche et qui ne doit pas être perdu.

Tel fut aussi un des principaux torts du gouvernement impérial, et, dans le sénatus-consulte qui prononce la déchéance de Napoléon, on lit pour premier motif : « Qu'il a déchiré le pacte qui l'unissait au peuple français, notamment en levant des impôts, en établissant des taxes, autrement qu'en vertu de la loi, contre la teneur expresse du serment qu'il avait prêté à son avénement au trône ; qu'il a commis cet attentat aux droits du peuple, lors même qu'il venait d'ajourner, sans nécessité, le corps législatif, et de faire supprimer comme criminel un rapport

de ce corps auquel il contestait son titre et sa part à la représen-
tation nationale......................... »

L'histoire de France, à toutes les époques, atteste donc hautement
ce principe recueilli par la Charte, que les propriétés sont libres
et inviolables, et qu'elles ne peuvent être grevées que des impôts
librement consentis dans les formes constitutionnelles.

C'est là une des conditions du pacte fondamental, et, comme le
droit de propriété est pour l'homme et pour le citoyen un de
ces attributs essentiels qui dérivent de sa nature et tiennent aux
bases de la société, rien ne peut obliger à en subir arbitrai-
rement le sacrifice. Une contribution imposée autrement que
par une loi est une odieuse concussion. L'exiger est un crime,
la refuser un devoir. A de telles tentatives, si elles pouvaient
être essayées, les citoyens devraient se rappeler la loi qui a
confié à leur courage et à leur fidélité le dépôt de la Charte,
et, imitant les modèles que l'histoire leur propose, donner à
leur tour à l'avenir un nouvel exemple de patriotique résistance,

ROUEN, IMPRIMERIE DE D. BRIÈRE, RUE SAINT-LO, N° 7.